ECC編
TOEIC® テスト
完全解析

500点英単語・英文法

南雲堂

The questions and any other testing information are provided in their entirety by Nan'un-do. No endorsement of this publication by Educational Testing Service or The Chauncey Group International Ltd. should be inferred.

はじめに

　本書は TOEIC スコア400点台の人が直前にうろ覚えの単語を確認して、500点台を目指すために開発しました。
　TOEIC とは英語の情報（文字・音声）を受信して理解する力を測るための試験です。情報の理解がアップすれば得点が上がります。したがってスコア・アップのコツはいたってシンプル。それは、『見て分かる、聞いて分かる』語いを増やすことにつきます。
　TOEIC 対策の単語集にはよくまとまった良書が多いのですが、若干無駄が見受けられます。例えば語いの選択において英語力の高い専門家がどうしても自分のレベルで書いてしまいがちなので、不要な語いが混じることがあります。その結果『専門的すぎる経済用語』『難解すぎる評論用語』『飾りすぎの文学用語』がいくらか混じることになります。
　また解説に関しては、製作者の親心から、あれもこれもと情報を詰め込んでしまう欠点が挙げられます。その結果『やたら長い例文が全部の語に用意されている』『語法や派生語の情報が多い』『経済用語に関する解説が充実している』『英会話表現もついでに紹介』という本ができあがります。
　これらの事柄は、一見ありがたいようですが、情報量が多すぎると直前の総まとめ学習としては焦点がぼけてしまいます。本書は、『英会話にも海外旅行にも何でも使える』なんて大それた主張はしません。欲張らず、直前にできることに絞って編集しました。
　直前にできることは限られています。自分のレベルに合った単語集を使うことが必要です。400点のスコアを500点に上げようとする時に、苦労して700点レベルの単語を覚えても、その前に覚えておくべき単語を覚えていないと、努力が無駄になる可能性があります。第一、レベルの高い単語を覚えようとした場合、初めて見る単語であることが多いですよね。そうなると、スペリング、意味、発音を同時に覚える必要があり、負担は３倍増です。そんなヒマがあったら、見たことはあるが意味は知らないとか、意

味は知っているが発音は知らない、といった「うろ覚え」の単語を確実に強化する方が楽だし効率的だと言えます。

　本書では TOEIC のスコアアップには直接必要ない単語や、今の自分のレベルではまだ知る必要がない単語などの不純物を取り除きました。どうやってそのような『不純物』を取り除いたかを説明させてください。

　まず現代英語でよく使われる語いを8000ほどリストアップしました。これは辞書に載っている＊印の数（使用頻度を表す）や解説の量を参考にしました。次に、どのレベルの受験者がある単語のどの意味を理解しているかを知るために、複数の意味を持つ単語の場合は別の単語という扱いでリストを作りました。それぞれの単語が使用された例文を400点台、500点台、600点台、700点台、800点台のそれぞれのスコアを持つ学習者（各スコアの担当は5名前後）に見てもらい、①見たことのない単語、②見たことはあるが意味が分からない単語、③意味が分かる単語、の3つに分類してもらいました。

　例えば、400点を持つ人が take a rest（休憩をとる）という例で rest の『休息』という意味は分かったが、the rest of my life（私の人生の残り）という例では『残り』と言う意味が分からなかったとします。その場合、rest『残り』を TOEIC 400点の人が500点にアップする途中で知る意味だと認定します。そのような細かい作業を経て、品詞別にランキング表を作り、500点台、600点台、700点台、800点台それぞれに必要な単語を1000ずつ選びました。

　さらに、TOEIC を年に数回受験している ECC 講師のチームが、この単語を知っていると英語の理解が広がるという視点で再吟味し、精度を高めています。客観性のあるデータと職人の勘を組み合わせて作りました。これにより、日本人学習者が自分のスコアに合わせてチョイスできる単語集が完成しました。

　当シリーズのスタートラインに立つ本書は、authority「権威」、concentrate「集中する」、genuine「本物の」など読者の皆さんが大学入試のための受験勉強で見たことのある単語を多く含んでいます。これらの語は入試問題の専売特許ではなく、TOEIC テスト問題にも随所に出てくる単語です。見たことはあるけど意味は忘れてしまった語句を総チェック

することで、初めての TOEIC でも自信を持って受験することができます。実際、TOEIC にはビジネス実務に使われる語いばかりが出るわけではありません。限られた分野の専門語を無視して覚えるより、英語に書かせないベーシックなボキャブラリーを確実に自分の物にすることが無理のないスコアアップへの近道です。

　本書は TOEIC で500点のスコアを取った人が意味を知っていた単語です。だからと言って、TOEIC 200〜300の人が他のことをやらずにこのリストだけを覚えても500には到達しません。でも、400を越えた人ならあとちょっと英語の理解力をあげると500に到達することが可能です。その「あとちょっと」がここにあります。

　直前にすべきことは一つ。うろ覚えの単語の意味を正確に覚えて、『見ても聞いても意味が分かる語いを増やす』!　無駄のない努力でスコアアップされることをお祈りします。

　なお、巻末に空所に適語を補充するタイプの問題を40問、下線部の間違ったものを選ぶタイプの問題を20問追加しました。本書をご利用の読者がちょうど必要としているレベルの文法項目に絞って、問題を作成しました。文法問題は出題の範囲が限られているので、直前のトレーニングが欠かせない分野です。ぜひ活用して試験への対応力を高めて下さい。

目　次

はじめに	iii
頻出英単語　動詞	2
頻出英単語　名詞	32
頻出英単語　形容詞	82
500点を確実にする英文法　空所補充問題	102
500点を確実にする英文法　誤文認識問題	130

TOEIC® テスト完全解析

500点英単語・英文法

100点 UP!!

#	単語	発音	意味
1	suit	súːt	好都合である
2	impress	imprés	感銘を与える 印象づける
3	suspend	səspénd	つるす
4	explode	iksplóud	爆発する 爆発させる
5	manage	mǽnidʒ	管理する うまく操縦する
6	block	blɑk	ふさぐ
7	transform	trænsfɔ́ːrm	変形させる
8	illustrate	íləstrèit	説明する 挿し絵を入れる
9	patrol	pətróul	巡回する パトロールする
10	favor	féivər	ひいきする

動詞

No.	単語	発音	意味
11	irritate	íritèit	いらつかせる
12	cure	kjuər	治療する
13	deserve	dizə́:rv	～に価する
14	resemble	rizémbl	似ている
15	settle	sétl	移り住む
16	survey	sərvéi	ざっと見渡す / 調査する
17	serve	sə:rv	供給する
18	complete	kəmplí:t	完全なものにする
19	equip	ikwíp	備え付ける / 装備する
20	float	flout	浮かぶ / 浮く

100点 UP!!

#	語	発音	意味
21	upset	ʌpsét	ダメにする
22	commit	kəmít	(罪を) 犯す
23	knock	nɑk	うっかりぶつける
24	fulfill	fulfíl	果たす 実行する
25	divide	dıváid	分かれる 分ける
26	lead to	líːd tu	引き起こす
27	rely on	rıláı ən	頼る 当てにする
28	apply	əpláı	応募する
29	concentrate	kάnsəntrèıt	集中する
30	blame	bleım	非難する 責める

動　詞

No.	英語	発音	意味
31	digest	didʒést	消化する
32	transmit	trænsmít	伝染する／送信する
33	roast	roust	焼く／あぶる
34	convert	kənvə́ːrt	変える
35	maintain	meintéin	維持する／養う
36	sting	stiŋ	（針・刺で）刺す
37	cover	kʌ́vər	（範囲を）含む
38	disapprove	dìsəprúːv	不賛成である
39	suspect	səspékt	思う
40	scare	skɛər	おびえさせる

100点 UP!!

#	英語	発音	意味
41	stare	stέər	じっと見つめる
42	burst	bə:rst	破裂する
43	investigate	invéstəgèit	調べる 調査する
44	tune	tju:n	調律する
45	estimate	éstəmèit	見積もる
46	insist	insíst	主張する 要求する
47	refer	rifə́:r	～と呼ぶ 言及する
48	restore	ristɔ́:r	戻す、回復する 復元する
49	dump	dʌmp	どさっと降ろす
50	mention	ménʃən	話に出す

動詞

No.	単語	発音	意味
51	glance	glæns	ちらりと見る
52	mean	miːn	〜するつもりである
53	scold	skould	しかる / 説教する
54	disguise	disgáiz	変装させる
55	faint	feint	失神する
56	fire	fáiər	発射する
57	suppose	səpóuz	思う
58	exhibit	igzíbit	展示する / 見せる
59	grab	græb	不意につかむ
60	toss	tɔ(ː)s	投げる / ほうる

100点 UP!!

#	英語	発音	意味
61	object to	əbdʒékt tu	反対する / いやだと思う
62	relieve	rilíːv	取り除く
63	resign	rizáin	辞職する / やめる
64	aim	eim	狙う
65	serve	səːrv	仕える / 尽くす
66	sniff	snif	においをかぐ
67	observe	əbzə́ːrv	観察する / 気付く
68	unfasten	ʌnfǽsən	ほどく / ゆるめる
69	bore	bɔːr	穴をあける
70	arrest	ərést	逮捕する

動詞

No.	単語	発音	意味
71	operate	ápərèit	手術をする
72	pursue	pərsú:	追いかける / 追跡する
73	bleed	bli:d	血を流す
74	accuse	əkjú:z	告発する
75	distinguish	distíŋgwiʃ	見分ける / 区別する
76	dye	dai	染める
77	appoint	əpóint	任命する
78	ruin	rú(:)in	台無しにする
79	raise	reiz	育てる
80	spoil	spɔil	甘やかす

100点 UP!!

No.	英語	発音	意味
81	boom	buːm	景気づく
82	admire	ədmáiər	賞賛する
83	correspond	kɔ̀(ː)rispánd	一致する 調和する
84	fit	fit	あう はまる
85	appreciate	əpríːʃièit	ありがたく思う
86	associate	əsóuʃièit	交際する
87	envy	énvi	うらやましく思う
88	sweep	swiːp	掃く
89	sob	sɑb	むせび泣く 泣きじゃくる
90	regret	rigrét	後悔する 残念に思う

動詞

91	recognize	rékəgnàiz	覚えがある / 識別する
92	despise	dispáiz	軽べつする
93	decline	dikláin	断る
94	flatter	flǽtər	お世辞を言う
95	weep	wi:p	しくしく泣く
96	recommend	rèkəménd	勧める
97	seize	si:z	急にぐいとつかむ
98	dismiss	dismís	〜だとして軽く扱う
99	grasp	grǽsp	理解する
100	strip	strip	裸にする

100点 UP!!

#	単語	発音	意味
101	bribe	braib	買収する
102	urge	ə:rdʒ	力説する / 説得する
103	break	breik	（悪習を）やめる
104	astonish	əstániʃ	驚かす
105	deceive	disí:v	だます
106	horrify	hó(:)rəfài	ショックを与える
107	embarrass	imbærəs	恥ずかしい思いをさせる
108	touch	tʌtʃ	感動させる
109	emphasize	émfəsàiz	強調する / 力説する
110	disagree	dìsəgrí:	意見が合わない

動詞

No.	英語	発音	意味
111	disturb	distə́ːrb	迷惑をかける
112	drive at	draiv ət	意図する
113	empty	émpti	からにする
114	skip	skip	抜かす / 飛ばす
115	wear	wεər	すり減る
116	count	kaunt	重要である
117	appeal to	əpíːl tu	人の好みに訴える
118	promote	prəmóut	昇進させる
119	persuade	pərswéid	説得する
120	unite	juːnáit	結合する / 団結する

100点 UP!!

No.	単語	発音	意味
121	consult	kənsʌ́lt	診察してもらう
122	dig	dig	掘る
123	defeat	difíːt	破る／負かす
124	handle	hǽndl	扱う／処理する
125	contribute	kəntríbjuːt	寄付する
126	hesitate	hézitèit	ためらう
127	drop by	drɑp bai	立ち寄る
128	engage	ingéidʒ	従事する
129	define	difáin	定義する
130	depress	diprés	憂うつにする

動詞

#	英語	発音	意味
131	cope	koup	うまく処理する
132	occur to	əkə́ːr tu	心に浮かぶ
133	extinguish	ikstíŋgwiʃ	消す
134	collide	kəláid	衝突する
135	mean a lot	miːn ə lat	重要性を持つ
136	divorce	divɔ́ːrs	離婚する
137	convince	kənvíns	納得させる
138	bear	bɛər	負担する
139	describe	diskráib	特徴を述べる
140	argue	áːrgjuː	議論する

100点 UP!!

#	英語	発音	意味
141	realize	rí(ː)əlàiz	実現する
142	fold	fould	折りたたむ
143	bend	bend	曲げる
144	fasten	fǽsən	しっかり固定する
145	locate	lóukeit	置く／もうける
146	sacrifice	sǽkrəfàis	犠牲にする／犠牲
147	govern	gʌ́vərn	管理する／治める
148	oppose	əpóuz	反対する
149	drive	draiv	〜に至らせる
150	praise	preiz	ほめる／ほめること

動詞

#	英語	発音	意味
151	deprive	dipráiv	奪う
152	suspect	səspékt	怪しいと思う
153	encourage	inkə́:ridʒ	励ます / 勇気づける
154	upset	ʌpsét	ひっくり返す
155	flood	flʌd	水浸しにする
156	protest	動 prətést / 名 próutest	抗議（する）
157	pitch	pitʃ	投げる
158	demonstrate	démənstrèit	論証する / 説明する
159	pronounce	prənáuns	発音する
160	vary	vé(:)əri	変わる / 異なる

100点 UP!!

#	英単語	発音	意味
161	abandon	əbǽndən	見捨てる
162	announce	ənáuns	発表する
163	cheat	tʃiːt	カンニングをする
164	compare	kəmpɛ́ər	比較する
165	strike	straik	ぶつかる 打つ
166	dip	dip	ちょっと浸す
167	dwell	dwel	住む
168	discriminate	diskrímənèit	差別する
169	grasp	græsp	つかむ 握る
170	provide	prəváid	与える 供給する

動詞

No.	単語	発音	意味
171	regain	rigéin	取り戻す
172	forgive	fərgív	許す
173	press	pres	押す / 押し進む
174	propose	prəpóuz	提案する
175	calm	kɑ:m	落ち着かせる
176	utter	ˈʌtər	(言葉を) 発する
177	bother to	bɑ́ðər tu	わざわざ～する
178	transfer	trænsfə́:r	移動させる / 転任させる
179	interrupt	ìntərˈʌpt	中断する / 邪魔をする
180	remove	rimú:v	取り除く

100点 UP!!

No.	英語	発音	意味
181	fire	fáiər	クビにする
182	drift	drift	漂う
183	suggest	səgdʒést	それとなく示す
184	gain	gein	得る / 増す
185	starve	stɑːrv	餓死させる
186	imitate	ímitèit	見習う / まねる
187	explore	iksplɔ́ːr	探検する
188	sow	sou	種をまく
189	harass	hərǽs	困らせる
190	correct	kərékt	訂正する

動　詞

No.	英語	発音	意味
191	consume	kənsjúːm	消費する
192	reject	ridʒékt	拒絶する
193	expand	ikspǽnd	広がる / 広げる
194	donate	dóuneit	寄付する
195	discourage	diskə́ːridʒ	邪魔する / やめさせる
196	circulate	sə́ːrkjəlèit	循環する / 流通する
197	release	rilíːs	公開する / 解き放す
198	occupy	ákjəpài	占有する / 使用する
199	squeeze	skwiːz	押し込む / 絞る、締める
200	blossom	blásəm	満開になる

100点 UP!!

No.	単語	発音	意味
201	clip	klíp	（毛を）刈る
202	suppress	səprés	鎮圧する / 抑圧する
203	compensate	kámpənsèit	賠償する / 補償する
204	evolve	iválv	発展する / 進化する
205	install	instɔ́:l	取り付ける
206	wed	wed	結婚する
207	affect	əfékt	影響する
208	ease	í:z	取り除く / 楽にする
209	drive	dráiv	追いやる
210	curve	kə́:rv	曲がる

動詞

211	restrict	ristríkt	制限する
212	stimulate	stímjəlèit	刺激する 元気づける
213	suffer	sʌ́fər	損害をこうむる
214	translate	trænsléit	翻訳する
215	complain	kəmpléin	不満を言う 苦情を言う
216	forbid	fərbíd	禁ずる
217	exhaust	igzɔ́:st	疲れさせる
218	stew	stjú:	とろ火で煮込む (名) シチュー
219	argue	ɑ́:rgju:	主張する 論ずる
220	adopt	ədápt	採用する

100点 UP!!

#	英語	発音	意味
221	determine	ditə́:rmin	決定する
222	strip	strip	はぎ取る
223	decline	dikláin	衰える
224	transport	trænspɔ́:rt	輸送する
225	crash	kræʃ	墜落する 衝突する
226	reduce	ridjú:s	減少させる
227	heal	hi:l	治す
228	anticipate	æntísəpèit	予期する
229	appeal	əpí:l	求める
230	trace	treis	捜し出す

動詞

No.	英単語	発音	意味
231	surrender	səréndər	放棄する / 降参する
232	stress	stres	強調する / 強調
233	spin	spin	ぐるぐる回る
234	counsel	káunsəl	カウンセリングする
235	refrain	rifréin	差し控える
236	displease	displíːz	不快にする
237	cough	kɔ(ː)f	せきをする
238	exceed	iksíːd	越える / まさる
239	function	fʌ́ŋkʃən	作動する / 機能を果たす
240	broadcast	brɔ́ːdkæst	放送する

100点 UP!!

No.	単語	発音	意味
241	discourage	diskə́ːridʒ	落胆させる
242	exaggerate	igzǽdʒərèit	大げさに言う 誇張する
243	ebb	eb	潮が引く
244	excel	iksél	優れている
245	kidnap	kídnæp	誘拐する
246	distribute	distríbjuːt	分配する 配布する
247	migrate	máigreit	移住する
248	attract	ətrǽkt	引きつける
249	inhabit	inhǽbit	住む
250	bind	baind	縛る 結ぶ

動　詞

#	英語	発音	意味
251	afford	əfɔ́ːrd	持つ余裕がある
252	declare	diklέər	宣言する
253	hug	hʌg	抱きしめる
254	last	læst	続く 持ちこたえる
255	prove	pruːv	証明する
256	absorb	əbsɔ́ːrb	吸収する
257	yield	jiːld	明け渡す
258	long	lɔ(ː)ŋ	思いこがれる 切望する
259	lower	lóuər	下げる 減らす
260	apologize	əpálədʒàiz	わびる

100点 UP!!

No.	英語	発音	意味
261	digest	didʒést	理解する
262	represent	rèprizént	表す / 描く
263	achieve	ətʃíːv	達成する
264	collapse	kəlǽps	崩壊する / 卒倒する
265	respond	rispánd	答える / 反応する
266	advertise	ǽdvərtàiz	広告する
267	glimpse	glimps	ちらっと見る
268	tune in	tjúːn in	チャンネルに合わせる
269	blind	bláind	目を見えなくする
270	glide	glaid	滑空する

動詞

No.	単語	発音	意味
271	stir	stə:r	かき混ぜる
272	analyse	ǽnəlàiz	分析する
273	seek	si:k	探し求める 要求する
274	assume	əsú:m	見なす 想定する
275	dash	dæʃ	ダッシュする
276	elect	ilékt	選ぶ
277	endure	indjúər	耐える 辛抱する
278	establish	istǽbliʃ	設立する 確立する
279	intend	inténd	意図する 〜するつもり
280	submit	səbmít	屈服する

100点 UP!!

#			
281	utilize	júːtəlàiz	利用する
282	amaze	əméiz	驚かす
283	furnish	fə́ːrniʃ	必要な物を備える
284	treat	triːt	治療する 処理する
285	restrain	ristréin	抑える 抑制する
286	slide	slaid	なめらかに滑る
287	introduce	ìntrədjúːs	導入する
288	swap	swɑp	交換する
289	inherit	inhérit	相続する
290	fix	fiks	しっかり固定する

動詞

No.	英語	発音	意味
291	represent	rèprizént	代表する
292	quit	kwit	やめる 中止する
293	tear	tɛər	裂ける、破れる 引き裂く
294	applaud	əplɔ́ːd	拍手喝采する
295	stretch	stretʃ	無理をする
296	compensate	kámpənsèit	埋め合わせする
297	blink	bliŋk	まばたきする
298	appear	əpíər	～に見える
299	remind	rimáind	思い出させる 気付かせる
300	shrink	ʃriŋk	縮む

100点 UP!!

No.	英単語	発音	意味
301	proverb	právə:rb	ことわざ
302	incident	ínsədənt	出来事 事件
303	unit	jú:nit	単位 ユニット
304	mirage	mirá:ʒ	蜃気楼
305	objection	əbdʒékʃən	反対 異議
306	flow	flóu	流れ
307	fireplace	fáiərplèis	暖炉
308	stem	stém	茎
309	absence	ǽbsəns	不在
310	thief	θi:f	泥棒 こそ泥

名詞

No.	英語	発音	意味
311	pump	pʌ́mp	ポンプ
312	survey	sərvéi	調査
313	dropout	drápaut	中退者
314	torture	tɔ́ːrtʃər	拷問
315	evidence	évədəns	証拠 形跡
316	pause	pɔːz	休止、ためらい 区切り
317	suicide	súːəsàid	自殺
318	despair	dispéər	絶望
319	will	wil	意志
320	veil	véil	ベール

100点 UP!!

No.	語	発音	意味
321	luggage	lʌ́gidʒ	手荷物
322	instinct	ínstiŋkt	本能
323	appetite	ǽpətàit	食欲
324	moisture	mɔ́istʃər	湿気 水分
325	orchard	ɔ́ːrtʃərd	果樹園
326	statesman	stéitsmən	政治家
327	legacy	légəsi	遺産
328	fat	fæt	脂肪
329	total	tóutəl	総計 総額
330	contrast	kántræst	対照 対比

名　詞

331	summary	sʌ́məri	要約
332	opposition	əpəzíʃən	反対 抵抗
333	wealth	welθ	富 財産
334	species	spíːʃiːz	種
335	slave	sléiv	奴隷
336	guilt	gilt	罪 有罪
337	currency	kə́ːrənsi	貨幣 通貨
338	ambassador	æmbǽsədər	大使
339	burden	bə́ːrdn	重荷 負担
340	mess	mes	乱雑 散乱

35

100点 UP!!

#	英語	発音	意味
341	definition	dèfəníʃən	定義
342	canal	kənǽl	運河
343	substance	sʌ́bstəns	物質
344	lecture	léktʃər	講演 講義
345	anxiety	æŋzáiəti	心配 不安
346	speech	spiːtʃ	話す能力 話し方
347	expectation	èkspektéiʃən	予期 可能性
348	matter	mǽtər	事柄 問題
349	hothouse	háthaus	温室 温床
350	dimple	dímpl	えくぼ

36

名詞

No.	英語	発音	意味
351	promotion	prəmóuʃən	昇進／進級
352	course	kɔːrs	経過／成りゆき
353	conclusion	kənklúːʒən	結論
354	heredity	hərédəti	遺伝
355	diplomacy	diplóuməsi	外交
356	race	reis	人種／種族
357	principle	prínsəpl	原理、原則／主義、信念
358	production	prədʌ́kʃən	作品、製造／生産
359	pity	píti	哀れみ、同情／残念なこと
360	string	striŋ	結びひも／ひも、弦

100点 UP!!

#	単語	発音	意味
361	razor	réizər	かみそり
362	cliff	klif	絶壁 崖
363	stationery	stéiʃənèri	文房具
364	core	kɔːr	果物のしん
365	common sense	kámən séns	常識
366	fire engine	fáiər éndʒin	消防車
367	tutor	tjúːtər	家庭教師
368	journal	dʒə́ːrnəl	機関誌 新聞
369	past	pæst	過去
370	failure	féiljər	〜しないこと 失敗

名詞

#	英単語	発音	意味
371	well	wel	井戸
372	soil	sɔ́il	土 土地
373	challenge	tʃǽlindʒ	やりがいのある課題
374	witness	wítnis	目撃者
375	passion	pǽʃən	感情、熱 激情
376	religion	rilídʒən	宗教
377	tool	tu:l	道具 商売道具
378	liberty	líbərti	自由
379	safety	séifti	安全 無事
380	stimulus	stímjuləs	刺激 激励

100点 UP!!

#	英語	発音	意味
381	windmill	wíndmìl	風車
382	nutrition	njuːtríʃən	栄養物を摂取すること
383	discipline	dísəplin	訓練、規律 しつけ
384	grain	gréin	穀物
385	gravity	grǽvəti	重力
386	hook	huk	(ひっかけるための)かぎ
387	interview	íntərvjuː	面接 会見
388	beard	bíərd	ヒゲ
389	crime	kraim	犯罪
390	sympathy	símpəθi	同情 共感

名詞

#	単語	発音	意味
391	profession	prəféʃən	職業
392	guard	gɑːrd	護衛者、番人 看守
393	mischief	místʃif	いたずら 悪さ
394	contents	kántents	中身 内容
395	savings	séiviŋz	貯金
396	anecdote	ǽnikdòut	逸話 エピソード
397	grave	greiv	墓地
398	voyage	vóiidʒ	船旅 航海
399	prison	prízən	刑務所
400	territory	térətɔ̀ːri	領土 なわばり

100点 UP!!

#	語	発音	意味
401	authority	əθɔ́ːrəti	権力 / 権威
402	fellow	félou	男 / やつ
403	wheat	hwiːt	小麦
404	nationality	næ̀ʃənǽləti	国籍
405	confidence	kánfədəns	信頼 / 自信
406	sentence	séntəns	文
407	hangover	hǽŋòuvər	二日酔い
408	blame	bleim	責任 / 非難
409	corridor	kɔ́ridər	廊下
410	remark	rimáːrk	言う、所見 / 発言

名　詞

No.	英語	発音	意味
411	intellect	íntəlèkt	知性
412	belief	bilíːf	信仰 信念
413	stream	striːm	小川 流れ
414	height	hait	身長
415	theory	θíːəri	学説 理論
416	beverage	bévəridʒ	飲料
417	mammal	mǽməl	ほ乳類
418	hydrogen	háidrədʒən	水素
419	analysis	ənǽləsis	分析
420	knuckle	nʌ́kl	指の関節

100点 UP!!

No.	英単語	発音	意味
421	pharmacist	fá:rməsist	薬剤師
422	hunger	hʌ́ŋgər	空腹 飢え
423	notice	nóutis	通知、掲示
424	dirt	də:rt	泥 ほこり
425	gleam	gli:m	輝き ひらめき
426	figure	fígjər	人影 人の姿体つき
427	tone	toun	論調
428	impression	impréʃən	印象 感じ
429	interest	íntərəst	利害 利益
430	intent	intént	意図

名詞

No.	英語	発音	意味
431	detective	ditéktiv	探偵 / 刑事
432	pain	pein	痛み
433	temper	témpər	平静な気分
434	interest	íntərəst	利子
435	wheel	hwi:l	車輪
436	treat	tri:t	出血大サービス / 楽しみ
437	wire	wáiər	針金
438	bug bite	bʌg bait	虫さされ
439	temptation	temptéiʃən	誘惑
440	route	ru:t	道 / 道筋

100点 UP!!

No.	英単語	発音	意味
441	account	əkáunt	銀行口座
442	delight	diláit	大喜び
443	wardrobe	wɔ́:rdroub	持ち衣装 洋服ダンス
444	wisdom	wízdəm	賢明さ
445	focus	fóukəs	焦点 中心
446	glue	glu:	接着剤 のり
447	emphasis	émfəsis	強調 重要視
448	tone	toun	語調 口調
449	order	ɔ́:rdər	整頓 規律
450	subject	sʌ́bdʒikt	話題

名詞

No.	英語	発音	日本語
451	moment	móumənt	瞬間
452	rest	rest	残り
453	addict	ǽdikt	中毒
454	patient	péiʃənt	患者
455	draft	drǽft/drɑːft	草稿、下原稿
456	fame	feim	名声
457	politics	pɑ́litiks	政治
458	contact	kɑ́ntækt	接触 付き合い
459	stage	steidʒ	段階 時期
460	outfit	áutfìt	衣装一式

100点 UP!!

No.	英語	発音	意味
461	slight	slait	軽視、冷遇 無礼
462	edition	idíʃən	版
463	pastime	pǽstàim	気晴らし 娯楽
464	oxygen	ɑ́ksidʒən	酸素
465	doubt	daut	疑い 疑念
466	tunnel	tʌ́nəl	トンネル
467	painkiller	péinkìlər	痛み止め
468	sight	sait	視力
469	immigrant	ímigrənt	移民
470	telescope	téliskòup	望遠鏡

名　詞

471	cart	kɑːrt	荷馬車
472	haste	héist	急ぐこと あわてること
473	drought	draut	干ばつ 日照り続き
474	patience	péiʃəns	忍耐
475	prize	praiz	賞、商品 賞金、景品
476	opponent	əpóunənt	相手 対抗者
477	occupation	àkjupéiʃən	職業
478	monument	mánjumənt	記念碑
479	order	ɔ́ːrdər	順序 順番
480	fatigue	fətíːg	疲労

100点 UP!!

#	単語	発音	意味
481	comparison	kəmpǽrisən	比較
482	universe	júːnəvə̀ːrs	宇宙
483	shrine	ʃrain	聖堂 神社
484	compromise	kάmprəmàiz	妥協 歩み寄り
485	hand	hǽnd	関与 援助
486	impression	impréʃən	印象
487	youth	juːθ	青春 若い人たち
488	nerve	nəːrv	度胸、沈着 ずぶとさ
489	sorrow	sárou	悲しみ
490	company	kΛ́mpəni	仲間 連れ

名詞

No.	英単語	発音	意味
491	relief	rilíːf	安心 ほっとさせるもの
492	telegram	téligræm	電報
493	intention	inténʃən	意図
494	origin	ɔ́ːrədʒin	起源
495	picture	píktʃər	状況 全体像
496	honor	ánər	光栄
497	worm	wəːrm	虫 (細くて柔らかい)
498	view	vjuː	見方 意見
499	misfortune	misfɔ́ːrtʃən	不運、不幸 災難
500	get-together	gét təgéðər	集まり 懇親会

100点 UP!!

№	英語	発音	意味
501	outcome	áutkʌm	結果、成果
502	laboratory	lǽbrətɔːri	実験室
503	fireworks	fáiərwəːrks	花火
504	thermometer	θərmɑ́mitər	温度計
505	caution	kɔ́ːʃən	警告
506	ray	rei	光線
507	literature	lítərətʃùər	文学
508	party	pɑ́ːrti	一行、政党、関係者
509	object	ɑ́bdʒikt	物体
510	weed	wiːd	雑草

名詞

No.	英語	発音	意味
511	mineral	mínərəl	鉱物
512	livelihood	láivlihùd	生計の手段
513	tribe	traib	種族
514	harm	hɑːrm	損害 害
515	cancer	kǽnsər	ガン
516	maniac	méiniæk	マニア
517	monitor	mánitər	モニター
518	globe	gloub	地球 地球儀
519	mine	main	鉱山
520	sketch	sketʃ	スケッチ 概略

100点 UP!!

No.	英語	発音	意味
521	reward	riwɔ́ːrd	報酬 ほうび
522	excursion	ikskə́ːrʒən -ʃən	修学旅行 遠足
523	auditorium	ɔ̀ːditɔ́ːriəm	講堂
524	occasion	əkéiʒən	時、場合 行事、機会
525	tab	tæb	つまみ ラベル
526	merit	mérit	長所
527	region	ríːdʒən	地域
528	correspondent	kɔ̀ːrispándənt	特派員
529	hand	hænd	拍手
530	final	fáinəl	決勝戦 期末試験

名詞

No.	英語	発音	意味
531	superstition	sùːpərstíʃən	迷信
532	machinery	məʃíːnəri	機械装置
533	trade	treid	業界
534	sunscreen	sʌ́nskrìːn	日焼け止め
535	sense	sens	良識
536	clue	kluː	手がかり 糸口
537	gear	giər	用具一式
538	nation	néiʃən	国民 国
539	factor	fǽktər	要因 要素
540	fault	fɔːlt	責任、欠陥 誤り

100点 UP!!

No.	単語	発音	意味
541	detergent	ditə́:rdʒənt	洗剤
542	sight	sait	視界 / 光景
543	rebel	rébəl	反逆者 / 反乱軍
544	relief	rilí:f	救済 / 救援
545	evolution	èvəlú:ʃən	進化 / 発展
546	extent	ikstént	範囲 / 程度
547	rumor	rú:mər	うわさ
548	triumph	tráiəmf	勝利
549	ozone	óuzoun	オゾン
550	relationship	riléiʃənʃìp	関係

名詞

#	英語	発音	意味
551	disaster	dizǽstər	災害 大惨事
552	expedition	èkspidíʃən	遠征 探検
553	heel	hiːl	かかと
554	tragedy	trǽdʒidi	悲劇 惨事
555	spectator	spékteitər	見物人 観客
556	raise	reiz	昇給
557	cycle	sáikl	周期
558	curiosity	kjùəriásəti	好奇心
559	outline	áutlàin	輪郭 概略
560	punch	pʌntʃ	パンチ

100点 UP!!

#	語	発音	意味
561	value	vǽljuː	価値
562	personality	pə̀ːrsənǽləti	個性 人間的魅力
563	fortune	fɔ́ːrtʃən	財産
564	ground	graund	根拠 理由
565	capital	kǽpitəl	資産 元金
566	satisfaction	sæ̀tisfǽkʃən	満足
567	comfort	kʌ́mfərt	快適さ
568	insult	ínsʌlt	侮辱
569	profit	práfit	利益 収益
570	purse	pəːrs	女性用財布

名詞

#	単語	発音	意味
571	manner	mǽnər	方法 / 態度
572	breeze	bríːz	そよ風
573	attitude	ǽtitjùːd	態度
574	nail	néil	くぎ
575	professor	prəfésər	教授
576	charm	tʃɑ́ːrm	魅力
577	funeral	fjúːnərəl	葬式
578	nerve	nə́ːrv	神経
579	ridicule	rídəkjùːl	あざ笑い
580	answerphone	ǽnsərfòun	留守番電話

100点 UP!!

No.	英単語	発音	意味
581	wax	wæks	ろう
582	aid	eid	救出 援助
583	ease	iːz	容易さ 気楽さ
584	suntan	sʌ́ntæn	日焼け （健康的な）
585	degree	digríː	学位
586	ambition	æmbíʃən	野心
587	image	ímidʒ	生き写し
588	performance	pərfɔ́ːrməns	遂行能力 性能、上演
589	surroundings	səráundiŋs	環境 周囲
590	eyebrow	áibràu	まゆ

名　詞

No.	英単語	発音	意味
591	dent	dent	へこみ / くぼみ
592	spot	spɑt	斑点 / ぶち
593	fantasy	fǽntəsi	途方もない空想
594	material	mətíəriəl	材料 / 資料
595	treasure	tréʒər	財宝 / 宝
596	court	kɔːrt	裁判所
597	pill	pil	錠剤 / ピル
598	wage	weidʒ	賃金
599	responsibility	rispɑ̀nsəbíləti	責任
600	span	spæn	期間 / 長さ

100点 UP!!

No.	単語	発音	意味
601	hardship	háːrdʃip	困難
602	sum	sʌm	金額
603	atmosphere	ǽtməsfìər	大気
604	sunshade	sʌ́nʃèid	日除け
605	media	míːdiə	マスコミ
606	charge	tʃɑːrdʒ	責任
607	labor	léibər	労働 労働者
608	garage	gərάːdʒ	整備工場 ガレージ
609	victim	víktim	犠牲者、被害者 いけにえ
610	leftover	léftòuvər	残り物

名詞

611	spring	spríŋ	ばね
612	privilege	prívəlidʒ	特権 特典
613	geography	dʒiágrəfi	地理 地理学
614	orphan	ɔ́ːrfən	孤児
615	hood	hud	フード、ずきん 覆面
616	range	reindʒ	幅 範囲
617	reputation	rèpjutéiʃən	評判
618	investment	invéstmənt	投資
619	graduate	grǽdʒuət	卒業生
620	strategy	strǽtədʒi	戦術 戦略

100点 UP!!

#	英語	発音	意味
621	industry	índəstri	業界
622	congestion	kəndʒéstʃən	混雑 密集
623	commodity	kəmádəti	産物、商品 必需品
624	legend	lédʒənd	伝説 言い伝え
625	data	déitə	データ
626	testimony	téstəmòuni	証拠 証言
627	pedestrian	pədéstriən	歩行者
628	honor	ánər	名誉
629	apparatus	æ̀pərǽtəs	器具
630	presence	prézəns	存在、出席 面前

名詞

№	単語	発音	意味
631	companion	kəmpǽnjən	仲間／友達
632	cost	kɔːst	犠牲
633	democracy	dimάkrəsi	民主主義
634	tide	taid	潮の干満
635	crystal	krístəl	結晶／水晶
636	skeleton	skélitən	骸骨／骨格
637	flock	flɑk	群れ
638	match	mætʃ	競争相手
639	budget	bʌ́dʒit	予算
640	unit	júːnit	構成単位

100点 UP!!

#	単語	発音	意味
641	catch	kætʃ	捕獲物 捕獲量
642	force	fɔːrs	力
643	getaway	gétəwèi	逃走 脱走
644	function	fʌ́ŋkʃən	機能
645	dust	dʌst	ちり ほこり
646	lawyer	lɔ́ːjər	弁護士 法律家
647	election	ilékʃən	選挙
648	dew	djúː	露
649	issue	íʃuː	問題 問題点
650	rate	reit	割合、率 料金

名 詞

651	flood	flʌd	洪水
652	guard	gɑːrd	保護 安全裝置
653	facility	fəsíləti	設備 施設
654	impact	ímpækt	衝擊
655	citizen	sítizən	市民
656	epoch	épək	新時代 時代
657	landscape	lǽndskèip	景色
658	penalty	pénəlti	刑罰 罰金
659	will	wil	遺言
660	daycare center	déikèər séntər	託兒所

100点 UP!!

#	英語	発音	意味
661	breadth	bredθ	幅
662	committee	kəmíti	委員会
663	log	lɔːg	丸太
664	crop	krɑp	作物 収穫物
665	majority	mədʒɔ́ːrəti	大多数 過半数
666	fine	faɪn	罰金
667	purchase	pə́ːrtʃəs	買う、購入 購入品
668	side	saɪd	側面 わき腹
669	lottery	látəri	宝くじ
670	consumer	kənsúːmər	消費者

名詞

No.	単語	発音	意味
671	estimate	éstəmit	見積もり 評価
672	version	və́ːrʒən	説明、翻訳 バージョン
673	ecology	ikálədʒi	生態 自然環境
674	exhibition	èksəbíʃən	展覧会
675	spirit	spírit	精神、気分 霊魂
676	diameter	daiǽmitər	直径
677	package	pǽkidʒ	小包
678	violence	váiələns	暴力 激しさ
679	proportion	prəpɔ́ːrʃən	割合 つりあい
680	relation	riléiʃən	関係 関連

100点 UP!!

#	英	発音	意味
681	appointment	əpɔ́intmənt	面会の約束 / 予約
682	dialect	dáiəlèkt	方言
683	chart	tʃɑːrt	図表
684	peninsula	pənínsələ	半島
685	gulf	gʌlf	湾
686	wonder	wʌ́ndər	驚き / 驚嘆の念
687	grace	greis	優美 / 上品
688	orbit	ɔ́ːrbit	軌道
689	capacity	kəpǽsəti	能力 / 収容能力
690	security	sikjúərəti	安全 / 警備

名　詞

No.	英語	発音	意味
691	statistics	stətístiks	統計
692	studio	stjú:diòu	アトリエ、仕事場 工房
693	status	stéitəs	地位、身分 状態
694	sum	sʌm	合計
695	district	dístrikt	地区 地方
696	workplace	wə́:rkplèis	職場
697	access	ǽkses	接近方法 入手方法
698	master	mǽstər	達人
699	acid	ǽsid	酸
700	surgeon	sə́:rdʒən	外科医

100点 UP!!

#	英単語	発音	意味
701	waist	weist	腰
702	prejudice	prédʒudis	偏見 先入観
703	competition	kɑmpətíʃən	競争 コンクール
704	creature	kríːtʃər	生き物
705	authority	əθɔ́ːrəti	権限、権威 権力
706	motion	móuʃən	動き、運動 動作
707	weather	wéðər	気候 天気
708	meaning	míːniŋ	意味
709	nightmare	náitmɛər	悪夢 恐ろしい出来事
710	weapon	wépən	武器

名詞

No.	単語	発音	意味
711	edge	edʒ	縁、端 へり
712	candidate	kǽndideit	立候補者 志願者
713	proposal	prəpóuzəl	提案 申し込み
714	suspicion	səspíʃən	疑い
715	range	reindʒ	幅
716	fairness	féərnis	公平 正直
717	truth	tru:θ	真実 真理
718	notice	nóutis	掲示
719	article	á:rtikl	記事
720	cave	keiv	洞窟

100点 UP!!

#	英単語	発音	意味
721	ancestor	ænsestər	先祖
722	issue	íʃuː	号 発行
723	phenomenon	finámənàn	現象
724	routine	ruːtíːn	決まってすること
725	justice	dʒʌ́stis	公正、正義 正当性
726	deadline	dédlain	締め切り
727	prospect	práspekt	見込み
728	tourism	túərizəm	観光旅行 観光事業
729	welfare	wélfɛər	幸福、繁栄 福祉
730	favor	féivər	好意、是認 親切な好意

名詞

#	英語	発音	意味
731	coward	káuərd	臆病者
732	escape	iskéip	逃亡 回避
733	show	ʃou	展示会 展覧会
734	contract	kántrækt	契約
735	statue	stǽtʃuː	像
736	row	rou	列 並び
737	pioneer	pàiəníər	開拓者 先駆者
738	tongue	tʌŋ	言語
739	blade	bleid	刃
740	economy	ikánəmi	節約

100点 UP!!

#	語	発音	意味
741	path	pǽθ	小道、細道 進路、軌道
742	quantity	kwάntəti	量 分量
743	chin	tʃín	あご
744	fare	féər	運賃 料金
745	method	méθəd	方法
746	fear	fíər	恐怖
747	surface	sə́ːrfis	表面
748	poverty	pάvərti	貧乏
749	payment	péimənt	支払い 返済
750	vapor	véipər	蒸気

名　詞

No.	英単語	発音	意味
751	client	kláiənt	顧客 / 依頼人
752	fate	feit	運命
753	harvest	há:rvist	収穫 / 収穫物
754	duty	djú:ti	税金 / 関税
755	reach	ri:tʃ	届く範囲
756	sort	sɔ:rt	種類 / タイプ
757	appliance	əpláiəns	電化製品
758	poison	pɔ́izən	毒
759	channel	tʃǽnəl	海峡 / 水路
760	drill	dril	練習 / ドリル

100点 UP!!

#	英	発音	意味
761	track	træk	小道／通った跡
762	crab	kræb	カニ
763	jam	dʒæm	渋滞／ぎゅうぎゅう詰め
764	operation	ɑpəréiʃən	手術
765	finance	fináens	財政／資金
766	stuff	stʌf	もの、材料／ネタ
767	scrap	skræp	スクラップ／断片
768	practice	præktis	やり方／慣例実行
769	measures	méʒərz	手段
770	bill	bil	法案

名詞

#	英語	発音	意味
771	order	ɔ́ːrdər	命令 指図
772	sunburn	sʌ́nbəːrn	日焼け (炎症に近い)
773	luxury	lʌ́kʃəri	豪華さ 贅沢品
774	ash	æʃ	灰
775	instrument	ínstrəmənt	楽器
776	space	speis	宇宙
777	master	mǽstər	主人
778	structure	strʌ́ktʃər	構造 組織
779	vinegar	vínigər	酢
780	craft	kræft	技術 手工業

100点 UP!!

#	英語	発音	意味
781	appearance	əpíərəns	様子
782	necessity	nəsésəti	必要性
783	pressure	préʃər	押すこと
784	membership	mémbərʃip	一員であること / 会員数
785	customs	kʌ́stəmz	関税 / 税関
786	aspect	ǽspekt	側面
787	permit	pə́ːrmit	許可証
788	click	klik	カチッという音
789	qualification	kwɑləfəkéiʃən	資格 / 技能
790	excuse	ikskjúːs	言い訳

名詞

No.	英語	発音	意味
791	toe	tou	足の指
792	astronomy	əstránəmi	天文学
793	copper	kápər	銅
794	dioxide	daiάksaid	二酸化物
795	dormitory	dɔ́:rmitɔ:ri	寄宿舎 寮
796	dove	dʌv	ハト
797	fire fighter	fáiər fáitər	消防士
798	priest	pri:st	聖職者 牧師
799	vinyl	váinəl	ビニール
800	waterfall	wɔ́:tərfɔ:l	滝

100点 UP!!

No.	英単語	発音	意味
801	sensible	sénsəbl	分別のある
802	merry	méri	陽気な
803	punctual	pʌ́ŋktʃuəl	時間を守る
804	unconscious	ʌnkánʃəs	意識不明の
805	calm	kɑːm	穏やかな 冷静な
806	earnest	ə́ːrnist	まじめな 熱心な
807	verbal	və́ːrbəl	言葉の
808	contemporary	kəntémpəreri	現代の 同じ時代の
809	independent	indipéndənt	独立した
810	situated	sítʃueitid	位置している

形容詞

#	英語	発音	意味
811	even	íːvən	五分五分の
812	extreme	ikstríːm	極端な / 極端
813	bald	bɔ́ːld	はげた
814	curious	kjúəriəs	好奇心が強い
815	vertical	və́ːrtikəl	垂直の
816	waterproof	wɔ́ːtərprùːf	防水の
817	universal	jùːnəvə́ːrsəl	万人に通じる
818	major	méidʒər	主要な
819	mutual	mjúːtʃuəl	相互の、お互いの / 共通の
820	left-handed	léfthǽndid	左利きの / 左利きで

100点 UP!!

#	語	発音	意味
821	joint	dʒɔ́int	共同の
822	acute	əkjúːt	鋭い
823	cruel	krúəl	冷酷な むごい
824	upset	ʌpsét	心が乱れた
825	bare	béər	むきだしの 裸の
826	sensitive	sénsətiv	敏感な
827	sudden	sʌ́dən	突然の
828	humble	hʌ́mbl	身分の低い
829	superior	sjupíəriər	よりすぐれている
830	solid	sɑ́lid	固体の

形容詞

#	英語	発音	意味
831	current	kə́ːrənt	最新の / 通用している
832	insensitive	insénsətiv	鈍感な
833	overnight	óuvərnait	一夜のうちに
834	innocent	ínəsənt	無罪の / 無邪気な
835	indifferent	indífərənt	無関心な
836	slender	sléndər	細長い / すらりとした
837	mature	mətjúər	成熟した
838	intense	inténs	強烈な / 激しい
839	extraordinary	ikstrɔ́ːrdəneri	並外れた / 途方もない
840	respectable	rispéktəbl	ちゃんとした

100点 UP!!

No.	英単語	発音	意味
841	artificial	ɑːrtəfíʃəl	人工の
842	naked	néikid	裸の
843	bankrupt	bǽŋkrʌpt	破産した
844	responsible	rispánsəbl	信頼できる
845	entire	intáiər	全体の
846	dishonest	disánist	不正直な
847	deaf	def	耳が聞こえない
848	furious	fjúəriəs	カンカンに怒った
849	mental	méntəl	精神の
850	conscious	kánʃəs	意識している

形容詞

No.	単語	発音	意味
851	particular	pərtíkjulər	好みがうるさい
852	dull	dʌl	面白くない / 頭の鈍い
853	well-off	wélɔ́(ː)f	裕福な
854	lower	lóuər	下の
855	secure	sikjúər	安全な / 確保された
856	sensitive	sénsətiv	傷つきやすい
857	genuine	dʒénjuin	本物の
858	household	háushould	家庭の / 家事の
859	still	stil	じっとした / 静止した
860	uneasy	ʌníːzi	不安な

100点 UP!!

No.	英単語	発音	意味
861	thirsty	θə́ːrsti	のどが乾いた
862	obvious	ábviəs	明らかな
863	thin	θin	薄い 細い
864	content	kəntént	満足して
865	loose	luːs	ゆるんだ ゆるい
866	concerned	kənsə́ːrnd	関係している 心配している
867	present	préznt	現在の 出席している
868	forgetful	fərgétfəl	忘れっぽい
869	own	oun	自分自身の
870	sick	sik	うんざりして

形容詞

№	単語	発音	意味
871	appropriate	əpróupriit	適切な
872	further	fə́ːrðər	さらに進んだ / それ以上の
873	general	dʒénərəl	一般的な
874	horrible	hɔ́ːrəbl	恐ろしい
875	illegal	ilíːgəl	違法の
876	moral	mɔ́ːrəl	道徳上の
877	rough	rʌf	ざらざらした / でこぼこの
878	apparent	əpǽrənt	明らかな
879	casual	kǽʒuəl	何気ない
880	generous	dʒénərəs	気前のよい / 寛大な

100点 UP!!

#	単語	発音	意味
881	silly	síli	ばかな
882	infamous	ínfəməs	悪名高い
883	steep	stí:p	険しい / 急な
884	industrial	indʌ́striəl	産業の
885	minor	máinər	小さい / 比較的重要でない
886	sour	sáuər	すっぱい
887	contrary	kántreri	反対の
888	eager	í:gər	熱心な
889	sharp	ʃáːrp	油断のない / 鋭敏な
890	incomplete	ìnkəmplíːt	不十分な

形容詞

#	単語	発音	意味
891	ignorant	ígnərənt	何も知らない
892	medical	médikəl	医学の / 医療の
893	sincere	sinsíər	誠実な / 偽りのない
894	reliable	riláiəbl	信頼できる
895	strict	strikt	厳しい / 厳格な
896	diverse	divə́ːrs	多様な
897	humid	hjúːmid	湿気の多い
898	abrupt	əbrʌ́pt	急な
899	costly	kɔ́ːstli	高価な
900	favorable	féivərəbl	好意的な / 好都合な

100点 UP!!

№	英語	発音	意味
901	primitive	prímitiv	原始時代の／原始的な
902	upside down	ʌ̀psaid dáun	さかさまに
903	smart	smɑːrt	利口な
904	juvenile	dʒúːvənail	少年の
905	ordinary	ɔ́ːrdəneri	普通の／ありふれた
906	extra	ékstrə	必要以上の／割り増しの
907	scarce	skɛərs	乏しい
908	social	sóuʃəl	社会生活を営む／社会の
909	trivial	tríviəl	ささいな／つまらない
910	depressed	diprést	落胆した

形容詞

No.	単語	発音	意味
911	tender	téndər	心の優しい
912	rough	rʌf	大ざっぱな / おおよその
913	vain	vein	むなしい / むだな
914	reluctant	rilʌ́ktənt	～したくない
915	watchful	wátʃfəl	用心深い / 油断のない
916	native	néitiv	出生地の
917	severe	sivíər	厳しい / 厳格な
918	halfway	hæfwéi	中間で / 途中で
919	bold	bóuld	大胆な
920	shameful	ʃéimfəl	恥ずべき / 不面目な

100点 UP!!

No.	英語	発音	意味
921	stupid	stjú:pid	ばかな
922	fair	fɛər	色白の 金髪の
923	obedient	oubí:diənt	従順な 素直な
924	approximate	əpráksəmit	およそ
925	small	smɔ:l	肩身の狭い (feel+)
926	instant	ínstənt	すぐの 即席の
927	internal	intə́:rnəl	内部の
928	moderate	mádərit	適度の 節度のある
929	temporary	témpərèri	一時の 臨時雇いの
930	tough	tʌf	不運な 難しい

形容詞

No.	英語	発音	意味
931	probable	prábəbl	ありそうな
932	psychological	sàikəládʒikəl	心理的な
933	anxious	ǽŋkʃəs	心配に思う
934	unknown	ʌ̀nnóun	知られていない
935	exact	igzǽkt	正確な 厳密な
936	doubtful	dáutfəl	疑っている 疑わしい
937	economic	èkənámik	経済の
938	monotonous	mənátənəs	単調な
939	guilty	gílti	有罪の
940	dim	dim	薄暗い おぼろげな

100点 UP!!

#	英単語	発音	意味
941	frank	fræŋk	率直な
942	main	mein	主な
943	clinical	klínikəl	臨床の
944	fertile	fə́:rtəl	肥えた 肥沃な
945	fine	fain	細かい
946	vast	væst	莫大な 広大な
947	mechanical	məkǽnikəl	機械の
948	transparent	trænspéərənt	透明な
949	critical	krítikəl	決定的な
950	primary	práimeri	第一位の、主要な 最初の

形容詞

#	語	発音	意味
951	principal	prínsəpəl	主な、主要な《名》校長
952	serious	síəriəs	重大な
953	certain	sə́ːrtən	ある種の
954	shallow	ʃǽlou	浅い
955	satisfactory	sæ̀tisfǽktəri	満足な
956	false	fɔːls	人造の 誤った
957	smooth	smuːð	なめらかな すべすべした
958	quite	kwáit	まったく かなり
959	informal	infɔ́ːrməl	非公式の くだけた
960	fierce	fiərs	激しい どう猛な

100点 UP!!

#	単語	発音	意味
961	upper	ʌ́pər	上流の / 上の
962	specific	spisífik	特定の
963	unpredictable	ʌnpridíktəbl	予測できない
964	due	djuː	到着予定の
965	imperfect	impə́ːrfikt	不完全な / 不良品の
966	loud	láud	(声・音が)大きい
967	dense	dens	濃い / 密集した
968	blank	blæŋk	何も書いていない
969	acute	əkjúːt	深刻な
970	irrelevant	iréləvənt	的外れの / 無関係の

形容詞

No.	単語	発音	意味
971	bound	báund	きっと〜する
972	former	fɔ́ːrmər	前の
973	thorough	θə́ːrou	徹底的な
974	inferior	infíəriər	劣った
975	brave	bréiv	勇敢な
976	awkward	ɔ́ːkwərd	具合の悪い 不器用な
977	proper	prápər	適切な 正式の
978	human	hjúːmən	人間の 人間らしい
979	greedy	gríːdi	食い意地の張った 貪欲な
980	notorious	noutɔ́ːriəs	悪名高い

100点 UP!!

981	dual	d*j*úːəl	二重の
982	peculiar	pikjúːljər	独特の
983	international	ìntərnǽʃənəl	国家間の 国際的な
984	toxic	táksik	有毒な
985	worthy	wə́ːrði	価する
986	essential	isénʃəl	不可欠の
987	actual	ǽktʃuəl	実際の
988	accurate	ǽkjərit	正確な
989	deliberate	dilíbərit	故意の
990	plain	pléin	明白な

形容詞

#	英語	発音	意味
991	abundant	əbʌ́ndənt	豊富な
992	adequate	ǽdəkwit	適当な / 十分な
993	fair	fɛər	かなりの / 相当の
994	compact	kəmpǽkt	無駄なスペースのない
995	particular	pərtíkjulər	特定の、格別の / 特有の
996	standard	stǽndərd	標準 / 標準の
997	characteristic	kæ̀riktərístik	特徴的
998	visible	vízəbl	目に見える
999	mobile	móubəl	動ける
1000	inaccurate	inǽkjərit	不正確な

500点を確実にする英文法

● 次の各文の空欄にふさわしい語を選びなさい。●

1. It ------- difficult to improve quality, but really it is not.
   - (A) seem
   - (B) seems
   - (C) seeming
   - (D) seemingly

2. Because of her current class schedule, their daughter always ------- home after nine o'clock.
   - (A) returns
   - (B) returned
   - (C) is returning
   - (D) has been returning

3. Ms. Welsh ------- her bags when she found out her flight had been canceled.
   - (A) packed
   - (B) were packing
   - (C) was packing
   - (D) has packed

空所補充

1 Answer（B）

ルール1　主語が三人称単数で現在なら s を忘れずに。

【解説】　主語 It に対応する動詞を探すと動詞ではない（C）（D）は消去できる。あとは it に合わせて -s 付きの seems を選ぶだけ。

訳：　品質を上げるのは難しく感じるが、実際はそうではない。

2 Answer（A）

ルール2　時制は形容詞や副詞で表された情報からも読みとる。

【解説】　ヒントは current「現在の」、always「いつも」の二つ。これで現在の習慣を問題にしていることが判明する。

訳：　現在の授業のスケジュールのため、彼らの娘はいつも9時過ぎに帰宅する。

3 Answer（C）

ルール3　過去に時間の幅を持って進行していた行動は過去進行形で表す。

【解説】　問題文に she found と her flight had been canceled の二種類の時制があるのでとまどうかもしれない。フライトがキャンセルになったことを知る少し手前から、荷造りしていて、その「途中に」知ったことを表すため、過去形ではなく過去進行形を選ぶ。

訳：　ウェルシュさんは荷造りをしている最中に彼女のフライトがキャンセルになったことを知った。

500点を確実にする英文法

4 Investors ------- fascinated by the stock market for a long time.
 (A) always been (B) has been
 (C) are being (D) have been

5 Consumers' desire for low-fat foods ------- the current health trend in the food industry.
 (A) start (B) started
 (C) had started (D) are starting

6 Although there were many types of fruit in the market, there ------- a poor selection of vegetables.
 (A) were (B) is
 (C) had been (D) was

空所補充

4 Answer（D）

ルール4　副詞句は強力なヒントになる。

【解説】　for a long time とあるので昔から今へ続いていることを述べていることがわかる。あとは主語の複数と一致する have been を選ぶ。

訳：　投資家は長い間株式市場に魅了されてきた。

5 Answer（B）

ルール5　時と数の両面から選択肢をチェックする

【解説】　文中に current「現在の」とあるので現在形を選びたくなるが、主語の数をチェックしてみよう。Consumer's desire for low-fat foods には単数と複数の名詞が混在しているが、主語の核は desire であり残りはそれを修飾する語句である。主語が単数なので、start, are starting の二つは選べなくなる。今もう健康ブームは起こっているので引き起こしたのは過去だと考えて（B）を選ぶ。

訳：　消費者が低脂肪食品を求めているので、食品業界で現在の健康食ブームが起きた。

6 Answer（D）

ルール6　there 構文では続く名詞の数をていねいに見分ける。

【解説】　前半の文の内容から、後半も過去であることが判断できる。後は、a poor selection of vegetables のどの部分と数を一致させるかが問題。selection が名詞の核であり of vegetables は修飾語。この構造は一つ前の問題と同じことが言える。〈形容詞＋名詞＋前置詞＋名詞〉で表された語句と動詞を一致させる場合、最初の名詞と一致させると覚えておくといい。

訳：　あの市場では果物の種類は多いが、野菜の種類は少ない。

500点を確実にする英文法

7 The supervisor at the factory was reprimanded because he ------- doing his job.
   (A) has not
   (B) should have
   (C) had not been
   (D) could not be

8 Mr. Lewis ------- his vacation after the project is completed.
   (A) will take
   (B) took
   (C) has taken
   (D) taking

9 By the time they arrived at the airport, their flight ------- .
   (A) left
   (B) had left
   (C) was left
   (D) has left

空所補充

7 Answer（C）

ルール7	接続詞で節をつなげた文では内容に時間の差がないか確認。
【解説】	「叱られた」のは過去のことだが、「職務怠慢」という叱られる理由はそれより前に発生している。しかもその状態がしばらく続いていたということで、過去完了進行形〈had been -ing〉を選ぶ。
訳：	工場の監督者は職務を遂行していないとして叱責を受けた。

8 Answer（A）

ルール8	時を表す副詞節では未来のことでも will を使わない。
【解説】	時制の一致の例外としてよく出題される項目。時を表す接続詞は after, before, by the time, as soon as など。ヒントとするべき後半の節に注目。after the project is completed と現在形を使っているが、それに合わせて選択肢を探そうとすると失敗する。時を表す副詞節では未来のことでも will を使わずに現在形を使うというルールがある。逆に、本文のメインの部分では will を使う必要が出てくる。
訳：	ルイスさんはこのプロジェクトが終わったら休暇を取るだろう。

9 Answer（B）

ルール9	by the time を使った文では2種類の時制が混ざっていることが多い。
【解説】	一つの文で2種類の過去について話す場合、二つの内容に明らかに時間の差があるなら一方は過去完了を使う。この文では空港への到着時間と飛行機の離陸時間に差をつける必要があるため、より昔である飛行機の離陸に過去完了を使っている。
訳：	彼らが空港に着いた時、乗るはずだった便はすでに飛び立った後だった。

500点を確実にする英文法

10 Mr. Joyce ------- a trip to the islands until he realized it was hurricane season.
   (A) planning
   (B) has planned
   (C) had been planning
   (D) plans

11 His colleagues all suspected that he ------- the money, because he looked nervous every time the subject came up.
   (A) takes
   (B) have taken
   (C) had taken
   (D) has taken

12 If the bills ------- in five days, the company will take the matter to court.
   (A) weren't paid
   (B) won't be paid
   (C) aren't paid
   (D) don't pay

空所補充

10 Answer（C）

ルール10　until を使った文でも過去完了になることがある。

【解説】　旅行を計画していたのは、台風の季節だと分かるより前のことなので過去進行形を選ぶ。

訳：　ジョイスさんはハリケーンの季節だと分かる前まで、その島へ旅行しようと計画していた。

11 Answer（C）

ルール11　主節が過去形で、that 節の内容がそれより以前のことだと過去完了になる。

【解説】　みんなが疑ったのが過去のことで、盗んだのがそれより前のことなので過去完了にする。

訳：　彼の同僚はみんな彼がお金を盗んだと思った。なぜなら、その話題になるたびに彼は不安な様子だったから。

12 Answer（C）

ルール12　条件の副詞節では未来のことでも現在形で表す。

【解説】　after, when, before, as soon as, by the time などの「時」を表す副詞節だけでなく、if, in case などの「条件」を表す副詞節の中でも、主節の will に合わせようとして未来形を選ばないように。条件の内容が確定しているわけではないし、予測が働いているわけでもないので will を使わない決まりになっている。現在形か現在完了が正しい。

訳：　請求額が5日以内に支払われない場合は、その会社は裁判に訴えるつもりだ。

500点を確実にする英文法

13 Mr. Frank ------- for the day when the phone call came.
   (A)   has already left   (B)   already leaves
   (C)   already left   (D)   had already left

14 Since graduating from college, I ------- many chances to go scuba-diving.
   (A)   haven't had   (B)   didn't have
   (C)   didn't   (D)   don't

15 The brokerage house ------- another branch in Tokyo within the next year.
   (A)   opened   (B)   will be opening
   (C)   have opened   (D)   will be opened

空所補充

13 Answer（D）

ルール13　現在完了で表現する内容を、時制の一致で過去に合わせると過去完了になる

【解説】　今までに出てきた問題と基本は同じ。電話がかかってきた時にはすでに帰宅後だったので、現在完了の時制を過去に一つ戻すつもりで過去完了を選ぶ。この文では already を使っているが、never「〜したことがない」という内容で出題される可能性もある。

訳：　フランクさんは電話があったとき、すでにその日の仕事を終えて帰宅した後だった。

14 Answer（A）

ルール14　since, for は現在完了と相性がいい。

【解説】　since seven o'clock「7時から」、for two weeks「2時間の間」など since, for で始まる語句は現在完了で「どれくらいの期間」と表現したい時に使う。選択肢の中にはdidn't , don't など動詞が足りないものがあるが、内容の確認以前に形としておかしいので除外できる。

訳：　大学を出て以来、スキューバダイビングにそんなに行ってない。

15 Answer（B）

ルール15　同じ時制の選択肢では、能動態か受動態かのチェックを怠りなく。

【解説】　普段あまり使わない未来進行形の形を見てとまどうかもしれないが、within the next year が未来のことを述べている動かぬ証拠。支店開設には、準備から開設まで期間をかけて進行するので未来進行形になる。(D) の will be opened は another branch が主語になる場合なら選べる。

訳：　その証券会社は来年もう一つ東京に支店を設ける予定だ。

500点を確実にする英文法

16 Since last month, the staff ------- busy preparing for the sales campaign.
 (A) is
 (B) were
 (C) will be
 (D) has been

17 The package was damaged when it ------- .
 (A) arrived
 (B) are leaving
 (C) leave
 (D) arrives

18 I ------- to and from school when I was in college.
 (A) drive
 (B) drived
 (C) drove
 (D) had driven

空所補充

16 Answer（D）

ルール16	大勢の人で構成される集合は単数として扱われる。
【解説】	since を見ると現在完了だと明らかだが、the staff の単数扱いにも注目。①主語の数と動詞の一致、②意味から見ていつのことか、の2点を確認する癖をつけよう。
訳：	先月からスタッフは販促キャンペーンの準備に忙しい。

17 Answer（A）

ルール17	二つのことが動じに起きた場合は時制を一致させる。
【解説】	when 以下は副詞節だが、過去のことなので素直に過去形で表す。
訳：	小包は届いた時に破損していた。

18 Answer（C）

ルール18	動詞の活用ではケアレスミスのないように細心の注意を。
【解説】	drive-drove-driven と変化することは知識としては持っていても、時間に追われるテスト解答になると機械的に考えて ×drived などを選んでしまいがち。ここでは選択肢に drove があるからいいようなものだが、正誤問題だと間違いと気づかずに読み飛ばしてしまうこともある。
訳：	私は大学時代は車で通学していた。

500点を確実にする英文法

19 With the arrival of the new CEO, hopes for the company's success have ------- greatly.
   (A) rose   (B) risen
   (C) raised   (D) been raising

20 We have received your request for a sample and ------- it as soon as it becomes available.
   (A) will ship   (B) would ship
   (C) had shipped   (D) will have shipped

21 Although Ms. London ------- reservations, the hotel did not have a room for her.
   (A) had made   (B) has made
   (C) made   (D) makes

19 Answer（B）

ルール19　rise と raise では目的語のあるなしに注目する。
【解説】　自動詞 rise-rose-risen「上がる」、他動詞 raise-raised-raised「上げる」の区別はよく出る。ここでは動詞の後に目的語となる名詞が続かないので「希望が高まった」と自動詞になる。このタイプのものは数が限られているのでご安心を。自動詞 lie-lay-lain「横になる」、他動詞 lay-laid-laid「横にする」が頻出。
訳：　新しい最高責任者の就任にともない、その会社の成功の見込みは大いに高まった。

20 Answer（A）

ルール20　形だけでなく意味もよく確認する。
【解説】　「サンプルを送ります」と言っているわけだから素直に未来の will を選ぶ。後半の as soon as 以下の文は時の副詞節だから未来のことだが現在形になっている。未来完了 will have shipped を選ぶには、「いつまでには」という語句が不足する。
訳：　サンプルのご注文をいただきましたので、手に入りしだい出荷いたします。

21 Answer（A）

ルール21　接続詞が時を表すもの以外でも過去完了の可能性を考える。
【解説】　before, after などの時を表す接続詞だけでなく although のような接続詞でつないだ文の中でも、二つの過去の行動の間に時間の差がある場合は過去完了と過去形を併用する。
訳：　ロンドンさんは予約をしたのに、ホテルは彼女に部屋を用意していなかった。

500点を確実にする英文法

22 The meeting ------- by the sound of a fire engine going by.
 (A) interrupted
 (B) was interrupted
 (C) are interrupting
 (D) be interruption

23 Next month, he ------- for this company for thirty years.
 (A) works
 (B) will be working
 (C) will have worked
 (D) will work

24 Even though he has no money, my brother ------- a brand new car yesterday.
 (A) bought
 (B) would buy
 (C) has bought
 (D) will have bought

空所補充

22 Answer（B）

ルール22 選択肢に受動態と能動態があれば、主語との意味関係を検討する。

【解説】 主語と動詞の関係は問題になりやすい。会議は「邪魔された」のだから受動態を選ぶ。

訳： 会議は消防車が通る音で邪魔された。

23 Answer（C）

ルール23 未来に今から引き続いて起きていることは未来完了。

【解説】 この問題では、Next mohth と for thirty years の語句から判断して「将来こうなっているだろう」という内容になる選択肢を選ぶ。未来のある時点までに「～しているだろう」と予測する場合に〈will ＋ have ＋過去完了〉を使う。by, by the time などの語句を使うこともある。

訳： 来年には彼はこの会社に勤務して30年になる。

24 Answer（A）

ルール24 問題文から時を表す語句を探すつもりで。

【解説】 前半だけを見て考えてはいけない。後半の yesterday を見れば過去形にすることがわかる。買ったのは昨日だが、お金がないのは今日も同じということで前半は文では過去形を使っている。

訳： お金もないのに、私の兄（弟）はきのう新車を買った。

500点を確実にする英文法

25 The staff did not know that they ------- meet the deadline by eleven o'clock.
   (A)　had to　　　　　　(B)　must
   (C)　must have　　　　(D)　will have

26 You may not have enough time to answer all the questions given, but you should at least ------- .
   (A)　to try　　　　　　(B)　will try
   (C)　try　　　　　　　(D)　trying

27 I ------- exercise more, but I can never find the time.
   (A)　can　　　　　　　(B)　will
   (C)　might be　　　　(D)　ought to

空所補充

25 Answer（A）

ルール25　must の過去形は had to で表す。

【解説】　「今～しなくてはならない」場合は must か have to の二通りの表現があるが、それに対する過去形は had to 一つしかない。主節の動詞 know と時制を一致させるため過去形の had to を選ぶ。

訳：　スタッフは11時の締め切りに間に合わなければならないことを知らなかった。

26 Answer（C）

ルール26　助動詞の後に続く動詞は原形。

【解説】　should と try の間に at least という語句が割り込んだ形になっている。

訳：　すべての問題に答える時間はないかもしれないが、少なくともやってみるべきだ。

27 Answer（D）

ルール27　ought to は二語から成る助動詞だと考える。

【解説】　助動詞＋動詞の原形という形だけなら can, will でも成り立つが、意味を考えると「～すべきなのにできない」という ought to が正解になる。

訳：　もっと運動すべきですが、その時間がありません。

500点を確実にする英文法

28. Whoever removes tools from the box ------- replace them when finished.
    - (A) maybe
    - (B) would
    - (C) should
    - (D) have to

29. The workers will stay late tonight, because the monument ------- completed by tomorrow.
    - (A) is
    - (B) was
    - (C) must be
    - (D) must have been

30. All the Yankees fans coming out of the stadium are smiling, so their team ------- the game.
    - (A) had won
    - (B) could win
    - (C) would have won
    - (D) must have won

空所補充

28 Answer (C)

ルール28　should には「〜してください」のニュアンスもある。

【解説】　should か have to かで迷うところだが、主語の Whoever の直後の動詞がremoves と -s がついていることから have to なら has to の形にする必要があることが分かる。should, may, must can などの助動詞は主語の単数・複数を問わずに使える。

訳：　箱から道具を出した方は、使用後必ずもとに戻してください。

29 Answer (C)

ルール29　must be には「〜にちがいない」「〜されるべき」の二つの意味がある。

【解説】　He must be very old.「彼は高齢に違いない」のような意味と問題文のような「〜されるべき」の二通りの意味がある。前後の内容から見分けるしかない。tomorrow と未来を表す語句があるが、その影響で ×will must のような未来形にすることはない。

訳：　職人は今夜は遅くまで働くことになる。なぜならモニュメントは明日までに完成させなければならないから。

30 Answer (D)

ルール30　must have ＋過去分詞は、今の情報で過去を判断する時に使う。

【解説】　〈must have ＋過去分詞〉は「みんなの笑顔」という現在得られる情報から判断して「〜したに違いない」と過去について推測する時に使う。

訳：　球場から出たきたヤンキーズのファンはみんな笑っていた、だからヤンキーズが勝ったにちがいない。

500点を確実にする英文法

31 She ------- go abroad often for work, but she has changed jobs and now no longer travels.
   (A) uses   (B) used to
   (C) was used   (D) is used to

32 When traveling abroad, you must ------- eating different kinds of food.
   (A) used to   (B) had to use
   (C) get used to (D) have use to

33 I have a spare, but I would ------- use it unless necessary.
   (A) not prefer   (B) rather not
   (C) not sooner   (D) later not

空所補充

31 Answer（B）

ルール31 used to は「かつて〜したものだ」と過去の習慣を表す。

【解説】 used to は「昔は〜したけど今はもうしていない」という場合に使う表現。be used to -ing 「〜することに慣れている」との区別がよく出題される。

訳： 彼女は仕事でよく海外に行ったものだが、転職した今は海外出張はない。

32 Answer（C）

ルール32 be used to -ing は「〜することに慣れている」

【解説】 ここでは「慣れるようになる」と変化を表すため、状態を表す be動詞に変えて get を使っている。

訳： 海外旅行をする時は、いろんな種類の食べ物を食べることに慣れていなければならない。

33 Answer（B）

ルール33 would rather not ＋動詞の原形で「〜したくない」を表す。

【解説】 否定形でない would rather はよく〈would rather ＋動詞の原形＋ than ＋動詞の原形〉で「〜するよりむしろ〜したい」と比較の形で使われるが、would rather not は than なしで使われる。疑問文では Would you rather ...? の形をとる。

訳： スペアはあるのだが、必要以外の時に使いたくない。

500点を確実にする英文法

34 The accountant did everything he ------- to avoid making the same mistake again.
   (A)　can
   (B)　could
   (C)　would
   (D)　should

35 One of your responsibilities will be to check for mistakes ------- by writers.
   (A)　made
   (B)　was made
   (C)　they are made
   (D)　which made

36 The company ------- pay a fine, since they violated safety standards.
   (A)　maybe
   (B)　has to
   (C)　was demanded to
   (D)　must to

空所補充

34 Answer (B)

ルール34 do everything one can の後に目的を表す to 不定詞。

【解説】 助動詞 could の直後に to 不定詞が続くとおかしい感じがするかもしれないが、元々は did everything he could do だったが do が脱落したと、考えるといかがだろうか。could の後でいったん意味が切れ、その後に「〜するために」と補足説明を加えていると考えると理解しやすい。

訳： 会計士は同じ間違いを避けようとできるだけのことをした。

35 Answer (A)

ルール35 過去分詞が名詞を後ろから修飾する場合、〈関係代名詞＋be 動詞〉が省略されている。

【解説】 mistakes which were made by writers と〈関係代名詞＋ be 動詞〉を補って考えると分かりやすい構文。

訳： あなたの職務の一つはライターの間違いをチェックすることだ。

36 Answer (B)

ルール36 数・時・能動／受動・語法の4点から選択肢を吟味する。

【解説】 数では The company と単数なので have to ではなく has to で正しい。もう支払ったのなら had to と過去形にすべきだが、これから支払うのなら現在形の has to でも問題はない。一見、受動態の was demanded to が要求された」意味を表すし正しく思える。ところが、demand には×〈demand ＋人＋ to 不定詞〉の用法はないので、人を主語にした受動態の文に書き換えることはできない。もし demanded の代わりに requested なら〈request ＋人＋ to 不定詞〉の語法があるので正解になる。

訳： その会社は罰金を払わなくてはならない、安全基準に違反したからだ。

500点を確実にする英文法

37 Boxes received from the laboratory are not to be ------- unless marked otherwise.
 (A) opening   (B) opened
 (C) open   (D) opens

38 You are too late in realizing that you ------- to the police.
 (A) should report (B) should have reported
 (C) have reported (D) reported

39 I practiced ------- a bicycle in a park near my house.
 (A) ride   (B) riding
 (C) to ride   (D) being riding

空所補充

37 Answer（B）

ルール37　be to には予定・義務を表す助動詞の用法がある。
【解説】　ここでは義務を表す用法に not がついているので禁止する内容になっている。予定の例文を紹介すると、The concert is to be held this evening.「コンサートは今夜開かれることになっている」ただし、My hobby is to collect sneakers.「私の趣味はスニーカー収集です」のように to 不定詞の名詞用法が be 動詞に続いている文とは区別する。
訳：　研究所から届いた箱は開けろという指示が書いてある場合以外は開けてはならない。

38 Answer（B）

ルール38　should have ＋過去分詞は「〜すべきなのにしなかった」
【解説】　自分で通報しておいてそれを分からないという状況はおかしいので（C）、（D）は除外できる。
訳：　警察に通報すべきだったと分かるのが君は遅すぎるよ。

39 Answer（B）

ルール39　動詞を目的語にする場合、必ず -ing になるものは丸暗記。
【解説】　admit「認める」、avoid「避ける」、enjoy「楽しむ」、mind「気になる」、postpone「延期する」、suggest「提案する」、finish「終える」、quit「やめる」などがある。to 不定詞との区別の問題がでやすい。× I enjoy to play tennis. などとしないこと。
訳：　家の近くの公園で自転車に乗る練習をした。

500点を確実にする英文法

40 People exhibiting any of the symptoms below are ------- contact the Health Office immediately.

(A) should report (B) must
(C) advised to   (D) have to

空所補充

40 Answer（C）

ルール40　目的語を主語にして書き換えたのが受動態

【解説】　advise の基本的な語法は advise someone to do の形で使い「誰かに〜するようアドバイスする」意味になる。ここでは目的語である「誰か」の部分を主語として文頭に置いたため受動態になっている。他の選択肢も意味は OK だが are とつなぐことはできない。SVO ＋ to 不定詞の構文を、目的語を主語にして書き直す例を追加しておく。The police ordered the driver to stop. → The driver was ordered to stop.（警察は運転手に停まるように命じた）

訳：　下記の症状が一つでも出た方は、直ちに保健所に連絡してください。

500点を確実にする英文法

1. The plane <u>was leaving</u> Hong Kong on time, but <u>was unable</u>
   　　　　　　A　　　　　　　　　　　　　　　　　　B

   to land <u>due to</u> the weather <u>conditions</u> at Narita airport.
   　　　　　C　　　　　　　　　　　D

2. After <u>coming</u> home <u>from</u> work, Yuan <u>lied</u> down and <u>took</u> a
   　　　　A　　　　　　B　　　　　　　C　　　　　　　　D
   nap.

3. Negotiations <u>broke off</u> after it <u>become</u> clear that <u>neither</u>
   　　　　　　　A　　　　　　　　　B　　　　　　　　　　C

   side <u>was willing</u> to compromise.
   　　　D

誤文認識問題

1　Answer（A）

ルール1　過去進行形と過去形を同時に使うのは「何かが進行中」に別のことが起きた場合だけ。

【解説】　left が正しい。ここでは「香港を発ちつつある」途中に起きた事柄ではなく、香港を発った後の話をしている。過去進行形は When I was playing in the garden, I found a gold coin.「庭で遊んでいるとき、金貨を見つけた」のように使う。

訳：　飛行機は香港を時間通りに発ったが、成田の悪天候のため着陸できなかった。

2　Answer（C）

ルール2　lie と lay の活用は正確に暗記。

【解説】　lay が正しい。自動詞 lie-lay-lain「横になる」、他動詞 lay-laid-laid「横にする」の区別が問われている。動詞の後に目的語となる名詞が続かないので自動詞が正解。自動詞 rise-rose-risen「昇る」と他動詞 raise-raised-raised「上げる」の区別もよく出る。

訳：　仕事から帰宅すると、ユアンは横になって少し眠った。

3　Answer（B）

ルール3　一文字違いで現在形が過去形になるものは要注意。

【解説】　became が正しい。become-became-become の変化は知識として持っていても、試験になると一文字しか違わないので読み飛ばしてしまいがち。o と a の違いは特にケアレスミスが生じやすいので注意する。

訳：　両サイドが妥協したくないことが分かって、交渉は決裂した。

500点を確実にする英文法

4 Mr. Smith <u>has been</u> the chief officer of the firm before he
              A

   <u>was</u> <u>fired</u> <u>two years</u> <u>ago</u>.
    B   C   D

5 Demand for our products <u>has decline</u> <u>precipitously</u>
                              A   B

   <u>compared to</u> <u>this time</u> last year.
        C   D

6 <u>Although</u> we <u>been advertising</u> the position <u>for</u> three
       A   B   C

   months, none of the people who <u>have</u> applied for the job are
                                    D

   qualified.

誤文認識問題

4 Answer（A）

- ルール4　二つの節からなる文では両者の時間関係を考える。
- 【解説】　過去完了 had been が正しい。幹部だったのはクビになるより以前の話だから。
- 訳：　スミスさんは2年前にクビになるまでその会社の幹部だった。

5 Answer（A）

- ルール5　d をプラスするだけで過去形・過去完了になる動詞は読み飛ばすな。
- 【解説】　has declined が正しい。動詞の活用は決して読み飛ばさず一文字ずつ確認するつもりで解く。
- 訳：　当社製品への需要は昨年の同時期に比べて著しく減少した。

6 Answer（B）

- ルール6　動詞部分が長い語句では一語ずつ基本に返ってチェックする。
- 【解説】　have been advertising が正しい。完了形・受動態・進行形などの組み合わせで述語部分が長くなった部分はていねいに読むつもりで。
- 訳：　その仕事にもう3カ月募集をかけているが、応募者で資格を満たした者はいない。

500点を確実にする英文法

7 Holland <u>are producing</u> quality <u>cheeses</u> <u>for</u> <u>hundreds of</u>
           A   B   C   D
   years.

8 <u>The secretary</u> discovered <u>too late</u> that she <u>transferred</u> the
          A   B   C
   call <u>to the wrong</u> department.
              D

9 When Ricky <u>went</u> to Africa, he <u>had bought</u> an <u>exquisitely</u>
       A   B   C   D
   carved mask.

誤文認識問題

7 Answer（A）

ルール7　時制と副詞句とに矛盾がないかを必ず確認する。
【解説】　has been producing が正しい。文末の for hundreds of years から時間の継続を表す時制を選ぶことがわかる。
訳：　オランダは何百年も品質の高いチーズを製造している。

8 Answer（C）

ルール8　主節の時制と that節の時制の関係を考える。
【解説】　had transferred が正しい。「分かった」内容はそれ以前の過去だから時制をもう一つ昔の過去完了にする。
訳：　秘書は電話を違う部署につないでしまったことに遅まきながら気づいた。

9 Answer（C）

ルール9　過去完了を使うのは二つの節の間に時間の差がある場合。
【解説】　bought が正しい。「アフリカに行った」のと「買った」のは同じ時だから過去完了を使うとおかしい。
訳：　リッキーはアフリカに行った時、精巧な木彫りのお面を買った。

500点を確実にする英文法

10 Mr. Wilde <u>will depend</u> <u>on</u> his secretary while he <u>will take</u> a
       　　　　　A　　　　　B　　　　　　　　　　　　　　　C

   tour <u>around</u> Europe next month.
        　D

11 Mr. Korn is worried that he <u>wouldn't</u> be able to <u>find</u> a
                                A   B

   parking space when he <u>goes to</u> <u>the head office</u> this
                          C   D

   afternoon.

12 When Mr. Battle <u>went to see</u> the doctor, he <u>was told</u> that he
                    A   B

   <u>should gone</u> to the hospital <u>immediately</u>.
    C   D

誤文認識問題

10 Answer（C）

ルール10　時の副詞節では未来の内容でも現在形で表す。
【解説】　takes が正しい。next month から未来形が正しく思えるが、while 以下は Mr. Wilde 〜 secretary までの主節を修飾する副詞節なので will を使えない。
訳：　ワイルドさんは来月ヨーロッパをまわる間秘書に頼ることになるだろう。

11 Answer（A）

ルール11　that 節の中が will か would かは主節の時制をチェック。
【解説】　won't が正しい。主節が was worried と過去形なら時制の一致で won't が wouldn't になる。when 以下は時の副詞節だから will go ではなく goes のままでよい。
訳：　コーンさんは今日の午後本社に行った時に駐車する場所がないかもしれないと心配している。

12 Answer（C）

ルール12　「〜すべきだったのに」は〈should have ＋過去分詞〉
【解説】　should have gone が正しい。助動詞の直後に過去形・過去分詞が続くことはない。動詞の原形か〈have ＋過去分詞〉が続く。
訳：　バトルさんは医師に診てもらったとき、すぐに病院に行くべきだったのにと言われた。

500点を確実にする英文法

13 When I <u>finally</u> bought stock in the company, the market <u>had</u>
           A   B

<u>already reached</u> its peak and the stock was <u>declined</u> <u>in</u>
      B   C   D

<u>value</u>.
  D

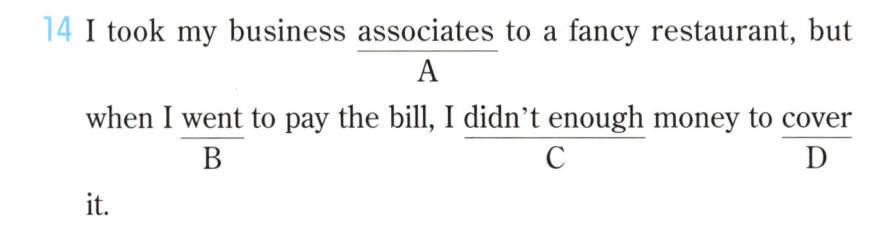

14 I took my business <u>associates</u> to a fancy restaurant, but
                       A

when I <u>went</u> to pay the bill, I <u>didn't enough</u> money to <u>cover</u>
      B   C   D

it.

15 <u>You're</u> working <u>too</u> hard lately; it's time for you to take <u>a</u>
    A   B   C

<u>couple of</u> <u>weeks</u> off for a vacation.
   C   D

誤文認識問題

13 Answer（C）

ルール13　いろんな時制を同時に使う文も存在する。

【解説】　declining と進行形が正しい。decline「減少する」は自動詞なので受動態にはできない。同じ decline でも「断る」の意味なら他動詞も可能。この文では過去形・過去完了・過去進行形の3パターンが混在しているが、内容から考えると自然なこと。

訳：　その会社の株をやっと購入した時には、株式市場はすでにピークに達しており、その株の価値は下がりつつあった。

14 Answer（C）

ルール14　didn't や haven't の後に動詞を抜かしてはいけない。

【解説】　didn't have enough が正しい。enough があるのでなんとなく動詞があるような気になってはいけない。

訳：　取引先を高級レストランに連れて行ったが、勘定を払おうとしたら、十分なお金がないことに気づいた。

15 Answer（A）

ルール15　副詞句を見れば現在完了だと分かる場合もある。

【解説】　You've been が正しい。lately と全体の内容から「ここんとこ働き過ぎ」だと分かる。この他に、since ...「～以来」、so far「今までのところ」、for two years「2年間」、recently「最近」などの語句が現在完了と一緒に使われる。

訳：　君は最近働き過ぎだね。2～3週間休暇をとる時期じゃないかね。

500点を確実にする英文法

16 While <u>I was</u> shopping at the market the other day, I <u>found</u>
　　　　　A　　　　　　　　　　　　　　　　　　　　　　　　　　B

that the prices of <u>many</u> items <u>had been risen</u> in recent
　　　　　　　　　　C　　　　　　　D

weeks.

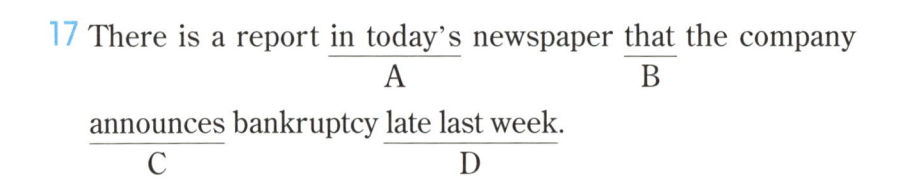

17 There is a report <u>in today's</u> newspaper <u>that</u> the company
　　　　　　　　　　　A　　　　　　　　　　　B

<u>announces</u> bankruptcy <u>late last week</u>.
　C　　　　　　　　　　　D

18 <u>When</u> he found the door <u>unlocked</u> and his suitcase <u>missing</u>,
　　A　　　　　　　　　　　　B　　　　　　　　　　　　　　　C

he was sure that someone <u>had broke</u> into his room.
　　　　　　　　　　　　　　　D

140

誤文認識問題

16 Answer（D）

- ルール16　rise は自動詞、raise は他動詞。
- 【解説】　had risen が正しい。rise-rose-risen「上がる」が自動詞なので受動態にはできない。
- 訳：　先日市場で買い物をしていたら、多くの商品が数週間で値上がりしていることに気づいた。

17 Answer（C）

- ルール17　過去の一点を表す語句があれば動詞は過去形。
- 【解説】　announced が正しい。前半の時制は There is と現在だが、それは新聞で報道されているのが現在だから。報道の内容は、late last week と過去の語句に合わせて過去形にする。
- 訳：　今日の新聞はその会社が先週末に破産宣告を受けたと報道している。

18 Answer（D）

- ルール18　過去完了の had の後は過去分詞。
- 【解説】　had broken が正しい。過去形と過去分詞が同じ形のものでは注意する必要がないが、違う活用形を持つものには特に注意。
- 訳：　彼はドアのカギが開いておりスーツケースがなくなっていることに気づいたとき、誰かが彼の部屋に侵入したことに気づいた。

500点を確実にする英文法

19 It was no longer the sleepy little town it has been.
   A   B   C   D

20 I had to arrive before the main office closes or I will not be
        A   B   C   D
able to meet the president.
D

誤文認識問題

19 Answer（D）

ルール19　過去より過去は過去完了。

【解説】　had been が正しい。It was … と過去の話の中で「かつての」と言ってるので過去完了になる。

訳：　その街は、もはやかつての退屈な小さな町ではなかった。

20 Answer（A）

ルール20　have to はこれからのことにも使える。

【解説】　have to arrive が正しい。未来のことが話題なのに had to ではおかしい。

訳：　本部が閉まる前に着かなければ、でないと社長に会えない。

| TOEIC®テスト完全解析　500点英単語・英文法 |

2002年10月21日　1刷

著　者——ECC外語学院
　　　　　© ECC, 2002
発行者——南雲一範
発行所——株式会社 **南雲堂**
　　　　　東京都新宿区山吹町361（〒162-0801）
　　　　　電　話（03）3268-2384（営業部）
　　　　　　　　（03）3268-2387（編集部）
　　　　　ＦＡＸ（03）3260-5425（営業部）
　　　　　振替口座　00160-0-46863
印刷所／日本ハイコム株式会社　製本所／松村製本所

Printed in Japan　〈検印省略〉
乱丁、落丁本はご面倒ですが小社通販係ご送付下さい。
送料小社負担にてお取替えいたします。

ISBN 4-523-26398-1　C0082 〈1-398〉

短期間で目指せ600点！

ECC編
TOEICテスト実践講座

テスト編　　**CD2枚付**

A5判　定価（本体2,300円＋税）

TOEICテストの実践的スタイルのテスト編。
臨場感のあるテストで直前の総仕上げに最適。
切り離し可能な別冊全訳解答付。

受験直前の総仕上げ用

南雲堂